NOTICE

SUR

FRANÇOIS DE MANDELOT,

GOUVERNEUR ET LIEUTENANT-GÉNÉRAL DU LYONNAIS, FOREZ
ET BEAUJOLAIS, SOUS CHARLES IX ET HENRI III;

PAR A. PERICAUD,

BIBLIOTHÉCAIRE DE LA VILLE DE LYON, DES ACADÉMIES DE LYON,
DIJON, MACON, etc.

Extraite des Archives historiques du Rhône.

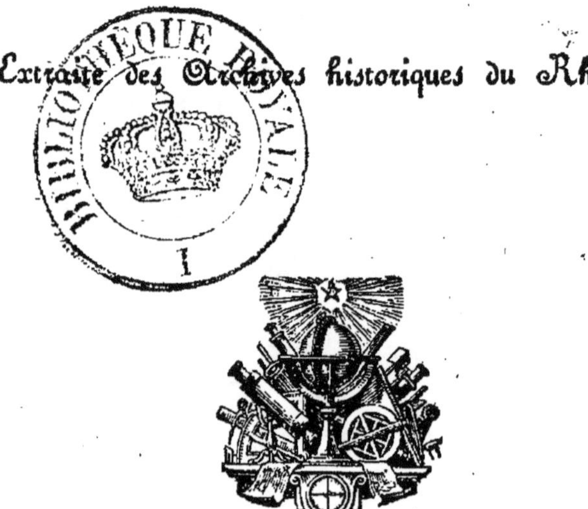

LYON,

IMPRIMERIE DE J. M. BARRET, PLACE DES TERREAUX.

1828.

NOTICE

SUR

FRANÇOIS DE MANDELOT.

FRANÇOIS DE MANDELOT est encore un de ces hommes qui semblait devoir occuper une place dans la *Biographie universelle*; il paraissait difficile d'oublier un personnage que sa valeur et ses talens élevèrent aux plus hautes dignités : ce qu'il y a de certain, c'est que la part qu'il a eue dans les événemens dont Lyon a été le théâtre au seizième siècle, rendrait inexcusable l'omission que l'on ferait de lui dans une biographie lyonnaise. Il naquit à Paris le 20 octobre 1529 (1). Il était fils de George de Mandelot, seigneur de Passy, et de Charlotte d'Igny. Il reçut une éducation distinguée, et embrassa la profession des armes. Jacques de Savoie, duc de Nemours, l'admit au nombre de ses pages, le fit nommer gentilhomme de la chambre du roi, et obtint ensuite pour son jeune protégé d'autres faveurs de la cour de France. Toutefois il le retint long-temps auprès de lui en qualité de lieutenant de sa compagnie de gendarmes, et lui

(1) Cette date est consignée dans le *Speculum astrologiæ* de Fr. Junctin, où se trouve l'horoscope de Mandelot, t. II, pag. 491, édit. de Lyon, 1571, in-fol.

fit partager ses périls et sa gloire au siége de Metz, à la bataille de Renti, à la prise de Thionville et à d'autres affaires non moins brillantes. En 1555, le duc de Nemours était dans le Piémont; le marquis de Pescaire voulant profiter d'une trève pour signaler sa valeur, invita le duc à rompre une lance avec lui, pour l'amour de leurs dames; le défi fut accepté, et il fut convenu que chacun d'eux serait assisté de trois cavaliers. Nemours et ses trois compagnons, parmi lesquels était Mandelot, méprisant le conseil du maréchal de Brissac, eurent l'imprudence d'entrer en lice avec des armes de parade. Pescaire et Nemours coururent trois fois l'un contre l'autre sans se blesser; deux des amis de Nemours furent tués; mais Mandelot, plus heureux, fit sentir au cavalier italien qui lui était opposé, l'effort de l'une des plus rudes lances de France, en lui faisant perdre la selle et les étriers. Après la rupture de la trève, Mandelot suivit le duc de Guise en Italie, et resta avec ce prince jusqu'à la paix de 1559. Nemours ayant été envoyé dans le Lyonnais, en 1562, par le duc de Guise, pour prendre le commandement de l'armée royale, en remplacement de Tavannes qui était venu mettre le siége devant Lyon, dont les sectaires du Dauphiné s'étaient emparé le 1.er mai de la même année, Mandelot suivit le prince en qualité de lieutenant général. Tavannes qui, après la conjuration d'Amboise, avait été nommé par commission temporaire lieutenant général en Lyonnais (2), Forez et Dauphiné, se trou-

(2) François d'Agout, comte de Sault, était lieutenant-général en Lyonnais et Beaujolais, lorsque les protestans, avec lesquels il paraît avoir été d'intelligence, s'emparèrent

vait alors à la tête d'une armée composée de 3ooo italiens, sous le comte d'Anguiscole, et de 5ooo français, levés la plupart, par Saint-Chaumont et par Lastic, grand prieur d'Auvergne. Il tenait Lyon investi de telle sorte qu'il eût pu réduire cette ville en moins de deux mois ; mais quand il vit arriver Nemours avec le titre de général, il né put souffrir d'être le second dans le commandement, et il se retira en Bourgogne. Sa retraite fut très-préjudiciable aux catholiques ; car, immédiatement après, la désertion se mit dans les troupes françaises, et le comte d'Anguiscole emmena ses Italiens ; il en resta seulement trois compagnies sous le capitaine Brancaccio, qui ravagèrent le pays et commirent d'exécrables brutalités (3). Les calvinistes surent profiter de cette circonstance pour approvisionner Lyon et le mettre en état de soutenir un long siége. Cette ville, où Soubise commandait l'armée des religionnaires, gémissait sous la plus affreuse anarchie. Malgré les principes de tolérance dont ils faisaient parade, les protestans avaient exilé et dépouillé tous ceux qui ne voulaient pas marcher sous leurs bannières. Plusieurs catholiques avaient même été égorgés, et la Saône avait reçu leurs cadavres. Les églises avaient été pillées et profanées, plusieurs avaient été démolies ; le superbe cloître de St. Just, résidence

de Lyon. Le comte de Sault, qui n'occupait ce poste que depuis l'année précédente (1561), le conserva jusqu'à la mi-août 1564 : il périt en 1567 à la bataille de St-Denis, où il portait les armes pour les huguenots. Voy. Colonia, *Hist. litt. de Lyon*, tom. II, pag. 635 et suiv.

(3) Voy. Mezeray, *Hist. de France*, tom. II, pag. 863, et Bayle, *Dict. hist.*, art. Bathyllus.

ordinaire des papes et des rois lorsqu'ils venaient visiter l'antique métropole des Gaules, avait été rasé, et il n'en était pas resté le moindre vestige. Une soldatesque effrénée, instruite à l'école du baron des Adrets, et une populace toujours avide de troubles, et qui s'était accrue de la lie des provinces voisines, étaient excitées à tous ces actes de barbarie et de destruction, dignes du siècle des Vandales, par les prédications furibondes du ministre Ruffy (4), le même qui, le lendemain de cette révolution dont il fut un des principaux fauteurs, marchant armé d'une cuirasse, d'une épée et d'un marteau, entra le premier, suivi d'une troupe de furieux, dans la cathédrale, monta sur les autels, en arracha les images, foula aux pieds les vases sacrés, en enleva ou en brûla les ornemens les plus précieux. On rapporte que vers le même temps la nouvelle étant venue à Lyon que Malthe était assiégée par les Turcs, Ruffy et son collègue Pierre Viret (5), ordonnèrent un jeûne et des

(4) Ce fut lui qui, dans la nuit du 30 avril au 1.er mai 1562, acheva de persuader aux calvinistes de se révolter, et ce fut à ses pressantes sollicitations qu'ils prirent les armes à minuit, et qu'après s'être saisis du corps-de-garde qui était posté à St-Nizier, ils s'emparèrent de l'hôtel de ville presque sans coup férir. Secondés ensuite par les troupes du baron des Adrets qui entrèrent par le pont du Rhône, ils furent bientôt maîtres de toute la ville. De Thou, liv. XXXI. Voy. sur Ruffy, Saconay, *Discours des premiers troubles de Lyon*, pag. 136 et 146 ; Saint-Aubin, *Hist. de Lyon*, pag. 406 ; *Archiv. du Rhône*, tom. V, pag. 45, et tom. VII, pag. 110.

(5) Il est à présumer qu'avant d'avoir été ministres, Viret et Ruffy s'étaient trouvés dans quelque mêlée. Le Jésuite

prières publiques pour obtenir du ciel qu'il bénît les armes des infidèles ; et qu'ils dirent et répétèrent plusieurs fois dans leurs prêches qu'il valait mieux que Malthe fût soumise aux Mahométans qu'à des idolâtres, tels que les catholiques (Colonia, *Hist. litt. de Lyon*, tom. II, pag. 694).

Nemours n'ayant pas des forces suffisantes pour continuer le siége de Lyon, voulut d'abord s'assurer de Vienne (6), afin d'ôter aux Lyonnais toute communication avec cette ville qu'il réduisit sans peine sous l'obéissance du roi. Nemours et Mandelot allèrent ensuite à la rencontré du baron des Adrets qui venait au secours de Vienne, et ils le défirent non loin de Beaurepaire. Des Adrets se sauva à Lyon, et après y avoir réuni 4000 fantassins et 200 cavaliers, il voulut prendre sa revanche ; mais il fut battu une seconde fois et se réfugia à Bourgoin, où, s'étant mis à la tête de 2000 Suisses que Mouvans et Poncenac conduisaient à Lyon, il vint camper entre cette ville et Vienne, en telle sorte qu'il semblait assiéger son vainqueur. Nemours n'ignorant pas que des Adrets était fort

---

Perpinien nous apprend qu'il manquait une oreille au premier, et que l'autre était balafré : *Viretto auricula una deest, Ruffinus in facie cicatricem habet…,* p. 165, *Epist.* D'Aubigné attribue à Viret toute la gloire de la prise de Lyon par les réformés. « Lyon, dit-il, fut pris plus par » la langue de Viret que par les espées de ses citoyens. » *Hist.*, tom. I, liv. III, ch. 7.

(6) François du Terrail, sieur de Bernins, de la maison de Bayard, qui avait le commandement de la garnison de Vienne, ne lui opposa qu'une légère résistance. De Thou, liv. XXXI.

content de ceux de son parti (7) , lui fit tenir des lettres de l'amiral de Coligny, qu'il avait interceptées , et dans lesquelles l'amiral blâmait amèrement la conduite et le naturel violent et sanguinaire de des Adrets. Alors trois conférences eurent lieu entre le duc et le baron. Mandelot et Montrevel furent ôtages pour le prince , Poncenac et Blacons pour des Adrets. Ces conférences , pendant lesquelles des Adrets fit son traité secrètement avec Nemours , et qui furent suivies d'une trève de douze jours , qui devait expirer le 6 décembre , rendirent des Adrets si suspect aux religionnaires que , peu de temps après , les huguenots de Valence , commandés par Mouvans , se saisirent de lui et l'envoyèrent dans les prisons de Nîmes.

Nemours et Mandelot firent , mais sans succès , plusieurs tentatives contre diverses places du Vivarais ; cependant ils battirent St. Auban qui avait été nommé récemment lieutenant général de Dauphiné par le prince de Condé , et ils le firent prisonnier. Ils se rapprochèrent ensuite de la ville de Lyon , auprès de laquelle ils avaient laissé Saint-Chaumont , qui avait reçu un renfort de troupes envoyées par Antoine de Senneclère , évêque du Puy , prélat d'une grande naissance. Presque toute l'armée était campée à St. Genis Laval , village situé à deux lieues de Lyon. Mandelot , depuis la retraite des Italiens , y avait établi une discipline si sévère , que les paysans , rassurés , venaient de tous côtés y vendre leurs

(7) Le prince de Condé instruit des excès que commettait des Adrets, avait envoyé à Lyon , pour y commander, Jean de Parthenay , seigneur de Soubise : cette préférence déplut à des Adrets, et fut un des principaux motifs qui l'engagèrent à abandonner la cause des calvinistes.

denrées. Vers la fin de l'année, Nemours fut nommé gouverneur du Lyonnais (8), en remplacement du maréchal de Saint André, tué à la bataille de Dreux (le 19 décembre 1562). Mandelot, pendant les excursions que faisait le duc dans les provinces circonvoisines, força plus d'une fois à la retraite les régimens huguenots qui sortaient fréquemment de la ville pour ravager les campagnes et mettre les paysans à contribution ; il les poursuivait souvent jusqu'aux portes de la ville, et ne revenait jamais dans son camp qu'il ne fût chargé de dépouilles et qu'il n'amenât des prisonniers (9). Cependant il n'est point d'efforts, point de ruses que n'employât Nemours pour se rendre maître de Lyon ; deux fois il voulut tenter l'escalade, mais mal servi par les intelligences qu'il avait au-dedans, mal secondé par ses propres soldats, deux fois il échoua. Vers les premiers jours

(8) Ses provisions sont du 27 décembre 1562 ; il obtint des lettres de relief de surannation, datées de Lyon, le 4 juillet 1564. *Note de M. Cochard, de l'académie de Lyon.*

(9) C'est bien certainement par erreur que mon estimable collègue, M. Cochard, dans un recueil d'anecdotes, placé à la suite d'un calendrier publié sous le titre de *L'Homme de la Roche*, Lyon, 1828, in-18, fait tenir par le duc de Nemours, qu'un huguenot aurait médité d'assassiner à St. Genis-Laval, le même discours que François de Lorraine, duc de Guise, tint au siége de Rouen à un calviniste qui, ayant voulu le poignarder, se justifiait de cet attentat, en disant que sa religion l'y avait poussé : *Si ta religion, lui répliqua Guise, t'apprend à assassiner, la mienne me commande de te pardonner. Va-t-en en sûreté et ne crois plus un si mauvais évangile.* Voy. sur ce mot Montaigne, *Essais*, liv. I, chap. 23, et la *Biogr. univ.*, tom. XIX, pag. 189.

de mars 1563, un prisonnier qu'il avait fait dans une escarmouche, Marc Errain (10), receveur des tailles à Lyon, lui avait promis, pour racheter sa vie, de lui livrer une des portes de la ville. Nemours, trop confiant, le renvoie à Lyon. Errain délivré, se hâte d'aller instruire Soubise du projet de Nemours. Soubise ne néglige point cette occasion de faire tomber le duc dans ses propres embûches. Il commande à Errain de fixer le jour de l'exécution au 7 mars. Ce même jour, Timoléon de Cossé, fils du maréchal de Brissac, est chargé par Nemours de conduire l'entreprise avec 3000 hommes. Errain, du haut d'une tour, leur fait signe d'entrer dans le faubourg de St. Just ; il va au-devant d'eux, les conduit jusqu'à la porte, et se jetant avec précipitation dans le guichet, il le ferme sur eux. Aussitôt les catholiques sont assaillis par le feu de deux cents mousquets à croc et de sept ou huit pièces de canon chargés de chaînes et de ferraille, et par une salve de deux mille arquebusades. Poyet, Blacons et Entragues, à la tête de six cents arquebusiers choisis, sortent au même instant de la ville et fondent sur les troupes de Brissac, qui se défendit avec courage, et se hâta d'opérer sa retraite ; toutefois il laissa dans le faubourg plus de trois cents hommes tués, et eut un nombre plus grand encore de blessés. Nemours, placé sur une hauteur voisine, fut le spectateur de cette malheureuse expédition, et la douleur que lui fit éprouver un pareil affront, jointe à la nouvelle qu'il reçut presque en même temps de la mort de François, duc de Guise, lui causa une maladie qui

(10) C'est ainsi que le nomme Rubys ; Castelnau l'appelle *Herbin*, et les traducteurs de J.-A. de Thou, *Herlin*.

faillit le conduire au tombeau (11). Quand les religionnaires qui occupaient Lyon, eurent, en conformité de l'édit de pacification du 19 du même mois (mars 1563), fait leur soumission au roi, l'armée de Nemours n'entra point dans cette ville et quitta le Lyonnais.

Ce fut à peu près vers cette époque que Mandelot épousa Éléonore de Robertet, d'une ancienne maison du Forez, célèbre par les services qu'elle avait rendus à la couronne sous Charles VIII, Louis XII et François I.er Un membre de cette famille, Jacques de Robertet, avait été, au 15.e siècle, prieur de Saint-Rambert et religieux de cette antique et mémorable abbaye de l'Ile-Barbe, détruite par les huguenots en 1562, et dans laquelle ils ne laissèrent que des masures qui ont été décrites dans le curieux ouvrage de Claude le Laboureur. Les troubles excités par les calvinistes, ayant rallumé la guerre civile, Mandelot, qui avait été nommé chevalier de l'ordre de St. Michel, en 1565, trouva encore plusieurs fois l'occasion de donner de nouvelles preuves de sa bravoure. Il se distingua surtout en 1567 à la bataille de Saint-Denis. L'année suivante, il obtint enfin la récompense de ses nombreux services : il fut nommé lieutenant du roi à Lyon en remplacement de René de Birague, que le roi avait rappelé auprès de lui. Il fut

(11) Voy. Mezeray, *Hist. de Fr.*, tom. II, pag. 865 et de Thou, *Hist. univ.*, liv. XXXIV. Rubys rapporte que « Nemours eut depuis sa raison de ce traistre de » Marc Errain, lequel il fit longtemps croupir en un cul » de fosse et enfin mourir miserable, luy apprenant et à » ses semblables que c'est de se jouer aux princes et » qu'ils ont les mains longues. » *Histoire de Lyon*, pag. 498.

installé dans ce poste important par le duc de Nemours qui, souvent absent de Lyon, se reposait sur lui du soin de veiller aux affaires de son gouvernement. En 1570, Mandelot chassa du Vivarais, et ensuite du Forez, l'amiral de Coligny, qui était venu faire, en partisan, la guerre en ces contrées avec un détachement assez nombreux qu'il avait ramené de la Guyenne. Ce fut cette même année, pendant la nuit du 2 au 3 décembre, que le Rhône et la Saône débordèrent subitement. Cette inondation, qui dura trois jours, causa les plus grands ravages. Trois arches du pont du Rhône furent emportés, et le faubourg de la Guillotière fut presque entièrement renversé. Mandelot, dans cette circonstance, exposa plus d'une fois sa vie pour sauver celle de ses concitoyens.

Nemours ayant donné sa démission de gouverneur du Lyonnais, Mandelot lui succéda en 1571 (12). Il ne tarda point à acquérir de nouveaux titres à la reconnaissance des Lyonnais. Pendant l'hiver de 1572, Lyon fut frappé du double fléau du froid et de la famine. Mandelot et sa digne épouse se dévouèrent au soulagement des pauvres et ne négligèrent rien pour adoucir les horreurs d'une pareille calamité. Mais ces débordemens de fleuves, ces froids rigoureux, ces famines n'étaient que les tristes avant-coureurs du plus sinistre des événemens. Pourquoi ne m'est-il pas permis d'arracher de nos annales la page sur laquelle il est écrit en lettres de sang ? Tous les historiens qui nous ont retracé le massacre de la Saint-Barthélemi exécuté à Lyon, se contredisent entr'eux sur plusieurs points ;

(12) Ses provisions, datées du château de Boulogne, le 17 février 1571, furent enregistrées le 19 mars suivant.   C.

de Thou, qui me paraît le plus fidèle (13), va nous montrer quelle fut la conduite de Mandelot pendant cette abominable boucherie (14).

« ... Ce fut à Lyon que se fit le plus grand carnage des huguenots. Dans cette cité populeuse, dont les portes furent soudain fermées, on surprit un grand nombre de religionnaires que le gouverneur, François de Mandelot, fit enfermer dans les prisons, sous prétexte, disait-il, de les protéger contre les fureurs du peuple, en les confiant aux gens du roi ; mais pendant qu'on les conduisait, la troupe de fanatiques qui leur servait d'escorte, en massacra plusieurs dans les rues détournées et les quartiers isolés ; leurs cadavres étaient aussitôt jetés dans le Rhône et dans la Saône. Le chef et le guide des assassins était un certain Boydon (15), misérable couvert de crimes, qui, dans la suite, reçut le traitement qu'il méritait à Clermont en Auvergne où il fut pendu. Les trois premiers jours, la multitude dévasta et pilla les maisons des suspects dont elle recherchait les traces. Le quatrième jour qui était le jeudi 29 août, le sieur du Peyrat (16), de Lyon, qui venait de recevoir le cordon de

(13) Expression de Bossuet, d'autant plus remarquable que de Thou fut soupçonné par ses contemporains d'être favorable aux novateurs.

(14) Nous devons la traduction qu'on va lire du fragment de de Thou, à l'obligeance de M. Rabanis, professeur aggrégé de rhétorique au collége royal de Lyon.

(15) Boydon était capitaine penon de la milice urbaine.

(16) Maurice du Peyrat, fils de Jean du Peyrat, fut, dans la suite, lieutenant du roi à Lyon. Son frère, Jean du Peyrat, capitaine des troupes lyonnaises qui faisaient partie de l'armée royale, envoyée contre les calvinistes dans le

St-Michel , décoration avilie et dédaignée depuis long-temps à cause de l'abus qu'on en avait fait , en l'accordant à toute sorte d'individus , arriva de la part de la reine avec des instructions secrètes et des lettres de Claude de Rubys (17) , ainsi que des autres échevins de Lyon (18) , tous personnages de la même trempe qui se trouvaient à Paris pour les intérêts de la commune. Ces lettres donnaient le détail de ce qui s'était passé à Paris , et annonçaient que l'intention et la volonté formelle du roi était que la ville de Lyon suivît l'exemple de la capitale. Mandelot qui avait des sentimens plus modérés , quoiqu'il passât pour être dévoué à la faction des Guises , recula d'abord à l'idée d'une pareille atrocité. Après avoir obtenu de la multitude furieuse une espèce de trève de quelques jours, pour avoir , disait-il , le temps de réfléchir et de recevoir les ordres du roi qu'il attendait d'un moment à l'autre , il fit publier que tous les hérétiques eussent à se rendre au palais du gouverneur pour apprendre les intentions du roi. Ces malheureux , persuadés que le nom

Dauphiné en 1562 , fut tué au siége de Beaurepaire. Maurice commandait le poste d'arquebusiers du corps-de-garde de St-Nizier , la nuit du 30 avril au 1.er mai de la même année. Du Peyrat , au premier bruit , sortit de son lit à demi éveillé , et fut fait prisonnier par les protestans , avant d'avoir pu s'armer (de Thou , liv. XXXI). Un personnage de ce nom , fugitif de Lyon pour crimes atroces , se trouvait en 1583 à Paris , où il figura à la procession des pénitens de l'Annonciation de N. D. Voy. *Journal d'Henri III* , par l'Etoile , mars 1583.

(17) Procureur général , auteur de l'*Histoire véritable de la ville de Lyon* , 1604 , in-fol.

(18) François Scarron et Guyot de Masso.

du roi serait pour eux une sauve-garde ; sortent de leurs asiles et accourent auprès de Mandelot qui les dirige aussitôt sur les différentes maisons d'arrêt ; car ils étaient en si grand nombre que la prison de Roanne n'aurait pu les contenir tous. Au même instant arrive Pierre d'Auxerre (19), avocat du roi, qui était venu en poste de Paris, homme d'une profonde perversité et d'une réputation infâme : sans autre garantie que son dire, comme si la parole d'un homme de son rang était plus que suffisante, il assure à Mandelot que la volonté du roi et de la reine est que tous les hérétiques qui ont été ou qui pourront être pris, soient exécutés sur-le-champ, et sans autre information. Mandelot, intimidé par les vociférations du peuple à qui Pierre d'Auxerre avait communiqué la volonté du roi, n'ose plus résister, et, se tournant vers celui qui avait apporté l'ordre du massacre : *Monsieur, lui dit-il, je n'ai plus qu'à vous dire ce que Notre Seigneur dit autrefois à Pierre : Faites comme vous voudrez ; ce que vous aurez lié, sera lié, ce que vous aurez délié, sera délié.* A peine ces mots sont-ils prononcés, que la multitude se disperse pour courir au meurtre et au pillage. Boydon s'adjoignit deux complices, les nommés Mornieu (20) et Leclou (21),

(19) Pierre d'Auxerre mourut d'apoplexie, en se lavant les mains, pendant qu'Henri IV était à Lyon en 1595 (Voy. Rubys, *Hist. de Lyon*, pag. 451), et non en 1589, comme le dit Pernetti, *Lyonnois dignes de mémoire*, tom. I, pag. 392.

(20) Mornieu était soupçonné d'avoir tué son père. Mezeray, *Hist. de Fr.*

(21) Leclou, capitaine des arquebusiers de la ville.

gens prêts à tout faire, et familiarisés dès long-temps avec le crime. Le bourreau qu'ils voulaient charger des exécutions, leur refusa son ministère; en disant qu'il était prêt à obéir, s'il en recevait l'ordre légal de l'autorité compétente, mais que rien ne l'obligeait à se prêter à ces massacres arbitraires, ni à intervenir dans cette boucherie. Alors on fit connaître ce refus aux officiers de la garnison qui, non moins indignés, répondirent avec horreur qu'ils ne feraient jamais l'office de bourreaux, et qu'une infamie de cette nature souillerait trop la loyauté de leur noble profession; qu'après tout ils n'avaient jamais eu à se plaindre des malheureux protestans (22). On fut donc obligé de recourir à tout ce qu'il y avait de plus vil dans la lie des citoyens et dans le rebut de la population. Mais il ne se rencontra pas un seul homme, pour si infâme qu'il fût, qui acceptât la sanglante mission. Enfin on s'adressa à la milice urbaine, composée de 300 habitans (23) qui, au refus des bourreaux et des soldats, acceptèrent avec

(22) Il faut encore ajouter à ceux qui refusèrent de se prêter aux massacres de Lyon, Nicolas de Langes, qui avait succédé à Pomponne de Bellièvre, son parent, dans la charge de lieutenant-général de la sénéchaussée de Lyon. Voy. *Mém. de l'estat de France, sous Charles IX.*

(23) Après la St-Barthélemi, la milice urbaine fut envoyée en garnison à Aubenas, où elle fut passée au fil de l'épée, lors de la prise de cette ville par les huguenots sortis de Villeneuve (*d'Aubigné et Mezeray*). Tous les assassins n'étaient pas Lyonnais; il se trouvait dans la milice urbaine de Lyon, plus connue sous le nom de compagnie des arquebusiers, plusieurs italiens, et principalement des Gênois, des Florentins, des Lucquois, etc.

transport l'ordre de massacrer leurs concitoyens. Les trois chefs dont nous avons parlé, choisissant dans cette milice même ceux qui annonçaient le plus de détermination et de cruauté (c'était le dimanche 31 octobre), courent d'abord au couvent des Cordeliers où l'on avait renfermé une partie des protestans, et de là aux Célestins (24), massacrant tous les hérétiques qu'on y gardait. Et tandis que, sur le bruit d'une nouvelle émeute (25), Mandelot, accompagné de Saluce de la Mante, commandant des troupes de la citadelle, se portait au faubourg de la Guillotière, les assassins se dirigèrent rapidement vers le palais archiépiscopal, où l'on avait renfermé, d'après l'ordre du gouverneur, trois cents des plus notables protestans. On commence par s'emparer de leurs bourses, et, après les avoir dépouillés, on les égorge impitoyablement : en vain ils essayèrent d'implorer la miséricorde des sicaires et de réclamer la parole du gouverneur. C'était un spectacle déchirant de voir les enfans serrant leurs pères dans leurs bras, les pères couvrant leurs fils de leurs corps, les frères, les amis, les parens s'exhorter mutuellement au martyre, et tomber, comme le bétail dans les abattoirs, sous les coups des

(24) Suivant Golnitz, les religieux Célestins ne voulurent point consentir au massacre des protestans. *Ulysses Belgico-Gallicus*, Amst. Elzév., pag. 302.

(25) Le bruit courait, en ce moment, qu'on allait pendre à la Guillotière *quatre* ministres devant le temple où se faisait alors l'exercice de la religion réformée. Il n'y en avait cependant que trois à cette époque, si l'on en croit l'auteur des *Mém. de l'estat de France*, tom. II, pag. 482 : ces trois ministres étaient Jacques Langlois, Antoine Caille et Jean Ricaud.

bouchers , des crocheteurs et des mariniers , pendant que les gémissemens, les cris et les vociférations retentissaient dans toute la ville. Le massacre terminé, Mandelot revint, à point nommé , de la Guillotière : et avec une apparente indignation , comme s'il n'avait rien su , ni rien commandé , il parut sur le théâtre même du carnage , assisté du procureur général (26) ; là , comme s'il se fût agi d'une enquête en forme , après avoir fait dresser un procès-verbal (27) par un notaire , il fit publier à son de trompe , qu'on donnerait cent écus d'or à tous ceux qui désigneraient les auteurs des meurtres et les signaleraient à la justice : dissimulation maladroite et tout à fait ridicule. Aux approches de la nuit , les sicaires investissent la prison de Roanne , et, par un raffinement de cruauté , ils garrottent leurs victimes , et , leur mettant une corde au col , les traînent vers la rivière où ils les lancent vivans encore. Les massacres et le pillage continuèrent pendant la nuit. Les meubles , les marchandises , tout fut enlevé : ceux des hérétiques qui avaient réussi à se cacher , trahis et arrachés de leurs retraites , étaient jetés pêle-mêle dans le Rhône. Mandelot , importuné du spectacle horrible qu'offraient à ses yeux les cadavres gisant dans la cour de l'archevêché , les fit charger sur des bateaux , afin qu'on les transportât de l'autre côté du fleuve , dans le cimetière

(26) Et des officiers de la sénéchaussée, à l'exception de Nicolas de Langes , le même dont il a été fait mention dans la note (22).

(27) La minute de ce procès-verbal a été arrachée du registre des actes consulaires de la ville de Lyon , et l'on ne trouve maintenant dans ces actes rien qui ait trait à la St-Barthélemi.

de l'abbaye d'Ainay ; mais les moines réclamèrent vivement ; ils prétendirent que ces restes étaient indignes d'être ensevelis en terre sainte, et le peuple, accourant au signal qu'on lui donna, précipita ces cadavres dans la Saône. Toutefois, avant de les jeter, on avait permis aux pharmaciens de mettre à part les plus gras, afin d'en retirer la graisse (28). Tels sont les détails rapportés par ceux qui ont décrit ces horreurs dans le temps même où elles furent commises. Encore les meurtriers ne s'en tinrent pas là. Peu de temps après, les frères Darut, chefs d'un commerce important, les sieurs de la Bessée (29) et Flocard, citoyens recommandables, furent arrachés des prisons, égorgés et précipités dans le Rhône. Telle fut aussi la fin de Claude Goudimel, un des meilleurs compositeurs du siècle, qui avait mis en musique la traduction française des psaumes de David, par Clément Marot et Théodore de Bèze, traduction que les protestans chantent encore aujourd'hui. Néanmoins, au milieu des égorgemens, grâces à la compassion des officiers du roi et de M. de la Mante, commandant des troupes, quelques victimes parvinrent à s'échapper, entr'autres les pasteurs Jean Ricaud (30)

(28) L'auteur du *Discours du massacre de ceux de la religion réformée*, Jean Ricaud, attribue principalement aux *Italiens* les horreurs commises sur ces cadavres.

(29) Valet de chambre du roi ; il avait été procureur général de la ville et communauté de Lyon. Rubys, *Hist. de Lyon*, pag. 470.

(30) Auteur du *Discours du massacre*, etc. déjà cité, Voy. dans les *Archives du Rhône*, tom. IV, pag. 249 et suiv., une lettre dans laquelle je crois avoir démontré que cet ouvrage qui a paru, sous le voile de l'anonyme, en 1574, est réellement de Jean Ricaud.

et Antoine Caille (31); Jean Langlois (32), leur collègue et président du consistoire, avait été mis à mort
un des premiers. On porte à 800 personnes de tout
âge et de tout sexe le nombre des victimes qui furent
inhumainement sacrifiées (33). »

(31) Suivant l'auteur du *Discours de la vie, mort et derniers propos de feu Mgr. de Mandelot....*, Lyon, 1588, in-8.
Mandelot « parmy les armes du peuple sauva la vie à une
» infinité de séditieux hérétiques. » Pag. 11. Nous ajoute-
rons ici avec d'Aubigné , que les assassins laissèrent la vie
à tous ceux qui voulurent promettre d'aller à la messe.

(32) Jacques Langlois , normand, était déjà ministre à Lyon
en 1562 , *Mém. de l'estat de France*, tom. II , pag. 477.

(33) « Quelques mois après toutes ces tragedies jouées
» en France , le pape (Grégoire XIII) envoya un legat
» (le cardinal Orsini ou des Ursins) vers le roy , lequel
» fut reçu très honorablement à Lyon et les rues tapissées.
» Arrivé qu'il fut, il alla descendre sur la calade de Saint
» Jean , là où il entra , et ayant ouy les vespres , sortit
» par la mesme porte qu'il estoit entré , et estant sur ladite
» calade, fut rencontré par la pluspart des massacreurs qui
» l'attendoient là de pied coy : lesquels le voyant se mettent
» tous à genoux pour avoir absolution. Mais parce que le
» dit légat..... ne savoit l'occasion pour laquelle ceux cy se
» mirent à genoux devant luy , un des notables de la ville
» luy dit que ces gens.... estoient ceux qui avoient fait
» l'execution des massacres ; ce qu'ayant entendu , ledit
» legat incontinent leur bailla l'absolution , en faisant le
» signe de la croix de la main droite. Mais parce que cela
» se faisait trop publiquement , Boydon ne se voulut trou-
» ver en cette place , mais alla trouver ledit legat en sa
» chambre , là où il lui bailla l'absolution comme il avoit
» fait aux autres. » *Mémoires de l'estat de France*, tom. II ,

Tel est le récit lamentable que l'historien de Thou a laissé des massacres de Lyon , sanglantes et criminelles représailles des atrocités dont les calvinistes s'étaient rendus coupables dans cette même ville , et qu'un laps de dix années n'avait point encore pu faire oublier. Si Mandelot, homme doué d'un caractère humain et modéré, se fût entendu avec le commandant de la citadelle , et eût montré plus de fermeté à l'arrivée de du Peyrat et de Pierre d'Auxerre , la rage de ces deux monstres eût peut-être été contenue , et la ville de Lyon eût été vierge du sang des protestans.

La mort de Charles IX , qui suivit d'assez près cette terrible catastrophe , parut offrir aux religionnaires fugitifs et déjà sous les armes dans plusieurs contrées et

pag. 490 , édition in-fol. de 1576. Il ne faut pas oublier que l'auteur de ces mémoires était calviniste. J'ajouterai qu'il a le plus souvent copié, sans en prévenir , le *Discours du massacre* , par J. Ricaud. Voy. aussi de Thou , liv. LIV. Poullin de Lumina, *Hist. chronol. de Lyon* , prétend que le boucher qui s'était signalé par le plus grand nombre d'huguenots qu'il avait assommés , en fut récompensé par l'honneur qu'il reçut d'être admis à la table du légat. Quand on rapporte de pareils faits , il faut citer ses autorités. Poullin de Lumina est un de ces écrivains sans conscience et sous la plume duquel tout s'exagère. Ne porte-t-il pas à 4000 le nombre des victimes de Lyon , tandis que le protestant d'Aubigné , d'accord avec de Thou , ne le porte qu'à 800 ? Voy. la *Dissertation* de Caveirac , *sur la journée de la Saint Barthélemi* , pag. XXXV et suiv. et l'*Origine de l'Eglise de Lyon* , par M. l'abbé Jacques , pag. 90, où l'estimable auteur remarque avec raison que le clergé de Lyon demeura entièrement étranger aux fureurs de cette époque.

principalement dans le Dauphiné , une occasion d'autant plus favorable de se relever, que l'héritier de la couronne de France occupait alors le trône de Pologne. Dans ces circonstances critiques , Mandelot convoqua en son hôtel les principales corporations de la ville, et , après une allocution forte et pathétique , il leur fit prêter serment de fidélité à Henri III. Une députation composée des citoyens les plus notables , à la tête de laquelle était Claude de Rubys , procureur-général de la commune , fut envoyée au-devant du roi qu'ils rencontrèrent à Venise où ils reçurent audience du monarque, qui leur promit de passer par Lyon et de s'y arrêter. Henri ne tarda point à y venir ; toute sa cour l'y attendait , et les fêtes les plus somptueuses signalèrent son séjour dans la seconde ville du royaume. Le prince, enchanté d'une pareille réception , joignit la province du Forez à celle du Lyonnais et du Beaujolais , et il rendit aux échevins les clés de la ville dont ils avaient été privés depuis le 1.er mai 1562. L'addition d'une province à son gouvernement fut , pour Mandelot , un nouveau motif de redoubler de vigilance. Peu de temps après le départ du roi , des soldats huguenots qui s'étaient embusqués dans le château de Peraut , situé au-dessous de Condrieu sur le bord du Rhône , exercèrent toute sorte de brigandages dans les environs et rendirent impraticable tout commerce par eau. Mandelot , réunissant toutes les forces de son gouvernement , fit cerner le château qui fut bombardé et ensuite rasé. La même année (1575), il enleva aux protestans , la petite ville d'Andance , située aussi sur le bord du Rhône , et il y laissa une garnison assez forte pour la garantir d'une nouvelle surprise. Il ne fut pas moins heureux dans une expédition contre Pierre Gourde , chef d'une bande assez considérable de sectaires, lequel, ayant pénétré dans le Forez, était sur le point de s'emparer du pont de St-Rambert, lorsque Mandelot, qui le prévint, le contraignit à retourner d'où il était venu. En 1580, le Dauphiné lui fut aussi redevable de son salut : les paysans, soulevés contre les nobles, avaient pris les armes et se disposaient à piller et à brûler les châteaux. Mandelot vint au secours des seigneurs, et cette révolte, connue sous le nom de *Ligue des vilains*, fut bientôt étouffée. Rubys qui, par erreur (pag. 431 de son *Hist. de Lyon*), place cet événement à l'année 1581, nous apprend que Mandelot, après avoir désarmé ces séditieux à Moyrans, où il les avait cernés, les renvoya chacun chez eux avec un bâton blanc à la main. Mandelot eut ensuite la gloire de battre deux fois Lesdiguières qui, succédant à Montbrun, dans le commandement des sectaires du Dauphiné, voulut venger ces misérables paysans qu'il avait ameutés. Il se distingua aussi au siége de la Mure, où le duc de Mayenne commandait l'armée royale ; et François de Colombier, son neveu, y fut tué le 19 octobre. La perte de ce jeune guerrier fut si sensible à Mandelot qu'il fit apporter ses restes mortels à Lyon où ils furent inhumés dans l'église de S. Bonaventure. Son épitaphe, mutilée et déplacée pendant le règne de la terreur, se trouve maintenant au milieu de la nef avec plusieurs autres pierres tumulaires qui ont servi à paver l'église.

Mandelot fut choisi par le roi, en 1582, pour aller en Suisse renouveler avec cette nation un traité d'alliance et en obtenir des troupes. Le succès de cette négociation habilement dirigée, lui valut le collier de l'ordre du St-Esprit. Nicolas de Langes, lieutenant général de la sénéchaussée de Lyon, qui l'avait accompagné et l'avait aidé de ses conseils, fut élevé aux fonctions de premier président du parlement de Dombes. Cette même année, la ville de Lyon qui, pendant la deuxième période du XVIe siècle, devait être en proie à tous les fléaux, fut atteinte de la peste. Mandelot, durant cette calamité, fut dignement secondé par le célèbre jésuite Emond Auger qui se signala par son dévouement au service des pestiférés (34). Dès que Lyon eut été délivré de la peste, Henri III vint y passer une vingtaine de jours, et logea dans une maison que possédait Mandelot sur la colline de Fourvières. Avant l'arrivée du roi, Mandelot faisait élever dans cette maison un jeune lion dont il voulut faire hommage au consulat, afin qu'à l'exemple de plusieurs autres cités, la ville entretînt à ses frais le superbe animal dont elle avait placé l'image dans ses armoiries et sur ses bannières (35), mais le consulat considérant que la pénurie de ses finances ne lui permettait pas de faire, pour l'entretien de ce lion, une dépense qui s'élèverait à plus de 200 écus par an, refusa l'offre de Mandelot.

Depuis long-temps, le duc d'Epernon, favori du roi, convoitait le gouvernement du Lyonnais, et n'attendait qu'une occasion favorable pour supplanter Mandelot. Afin de mieux parvenir à son but, il avait fait donner le commandement de la citadelle à un sieur

(34) Voyez la *Notice sur Emond Auger*, insérée dans le tom. VII des *Archives du Rhône*.

(35) Voyez sur les *Armoiries de Lyon* un article de M. Breghot du Lut, inséré dans les *Archives du Rhône*, tom. VII, pag. 346 et suiv.

du Passage (36) qui lui était tout dévoué. Instruit de ses intrigues, Mandelot (en 1585), de concert avec les échevins, se fit ouvrir les portes de la citadelle par un sergent-major de la garnison auquel on avait promis 2,000 écus ; il en expulsa le sieur du Passage et remplaça la garnison désarmée par la milice urbaine. Malgré son affection bien connue pour d'Epernon, le roi avait trop besoin de Mandelot pour ne pas se voir contraint à approuver sa conduite hardie envers le sieur du Passage ; il autorisa même, quelque temps après, la démolition de la citadelle, et, pour rassurer complètement Mandelot, il donna le gouvernement de la Provence à d'Epernon. Obligé de passer par Lyon pour se rendre à son poste (en 1586), d'Épernon s'était fait accompagner d'un corps nombreux de troupes à pied et à cheval. Mandelot, craignant que le duc ne voulût se venger de l'injure faite au sieur du Passage, fit prendre les armes à tous les habitans de la ville, et, sous prétexte de rendre à d'Épernon les honneurs dus à son rang, il les plaça en haie le long des rues que le duc devait traverser : d'Épernon se mit alors à la discrétion de Mandelot ; la cavalerie seule passa par la ville, et l'infanterie descendit en bateaux la Saône, toute bordée d'arquebusiers. Le duc logea dans la maison de Bonvisé, près des Augus-

(36) Aimar de Poisieu, sieur du Passage, chevalier de l'ordre du roi, nommé gouverneur de la citadelle de Lyon, par lettres patentes du 18 novembre 1584, ensuite de la ville et citadelle de Valence, par lettres du 17 mars 1590 ; lieutenant-général en Provence, en l'absence du duc d'Epernon, par autres lettres du 20 décembre 1593 ; enfin du marquisat de Saluces, par brevet du 25 avril 1598. C.

tins , et l'on plaça deux corps-de-garde aux avenues de la rue. Lyon, pendant cette année (1586), fut encore désolé par la peste et par la famine ; l'année suivante, la guerre civile faillit succéder à ces calamités. Et, en effet, les débris de l'armée des Reîtres, défaite par le duc de Guise à la bataille d'Auneau , étaient venus se rallier dans le Mâconnais, sous le commandement du sieur de Châtillon, fils aîné de Coligny. Mandelot qui avait reçu ordre de les attaquer, lève à la hâte une armée dans les provinces de son gouvernement et court à la rencontre de Châtillon. Mais à l'aspect des Reîtres , vieux soldats aguerris et accoutumés à la discipline , l'armée novice et inexpérimentée de Mandelot fut saisie d'épouvante , et , fuyant en désordre , permit à Châtillon de traverser le Lyonnais sans brûler une amorce. Cette bataille , qui pourtant n'en fut pas une , fut appelée par dérision la *bataille de Virecul* (Saint-Aubin , Hist. de Lyon , pag. 250).

Vers le commencement de l'année 1588 (le 26 février), Mandelot, à la sollicitation d'Henri III , unit sa fille aînée (Marguerite), à Charles de Neuville d'Alincourt, fils du secrétaire d'état Nicolas de Villeroy (37). Henri ,

(37) Jean Passerat, un des meilleurs poètes de son temps , qui avait déjà fait , en 1574 , une élégie sur l'entrée d'Henri III en son royaume et en sa ville de Lyon , composa l'épithalame de M. d'Alincourt et de M.lle de Mandelot. Voici comment cette pièce est terminée :

> Au beau verger de Cythérée
> Cueillez la fleur tant désirée ,
> Dont bientost on voye le fruit.
> Allez et vous tenez de rire ,
> Quand au partir vous orrez dire :
> Adieu, bonsoir et bonne nuit.

voulant, à cette occasion, donner à Mandelot une nouvelle marque de sa bienveillance, permit que, dans le contrat de mariage, on stipulât la survivance du gouvernement de Lyon en faveur de d'Alincourt. Toute la

> Chascun de vous à ce coup pense
> De jouir de la récompense
> De son amour et de sa foy ;
> Et vous fasse Hymen grace telle
> Que rendiez la race immortelle
> De Mandelot et Villeroy.

D'Alincourt fut nommé gouverneur de Lyon en 1608, par Henri IV, qui répara l'injustice d'Henri III. Il fit son entrée à Lyon le 21 novembre de la même année, avec Jacqueline du Harlay sa seconde épouse ; Marguerite de Mandelot était morte depuis environ quatre ans ; car on trouve son oraison funèbre dans les *Oraisons funèbres et tombeaux*, composés par Messire Claude de Morenne, évêque de Séez. Paris, 1605, in-8.° Cette oraison ne contient aucune particularité intéressante ; le seul passage qui m'ait paru digne de remarque est le suivant : « Or ce que j'ay tousjours » estimé de plus recommandable en sa vie, a été la cha- » rité qu'elle exerçoit envers toutes sortes de pauvres, et » particulièrement des malades. Non, non, Messieurs et » Mesdames, ne pensez pas être dignes du nom de catho- » liques, et encore moins du titre de pieux et dévots, » pour avoir chapelets et patenostres pendus à vostre cein- » ture, pour aller à la messe, pour visiter les églises ; » cela n'est à rejeter, mais ce n'est pas assez ; si à tous » ces œuvres vous n'ajoutez la charité, pour néant vous » donnez-vous tant de peine. Vos travaux s'escouleront » sans fruict et n'en demeurera pas seulement aucun ves- » tige. » Mandelot ne laissa point de fils ; sa seconde fille (Catherine) mourut fort jeune.

ville prit part aux fêtes de ce mariage qui furent célé-
brées par un grand nombre de bals, de festins, de
joutes, de tournois et de mascarades. Mandelot ne fut
pas long-temps le témoin du bonheur de sa fille. L'horizon
politique se rembrunissait chaque jour ; la journée des
Barricades avait répandu le deuil et la consternation dans le
cœur de tous les amis de la monarchie. Pierre d'Epinac,
archevêque de Lyon, qui avait été un des acteurs de cette
funeste journée, avait entraîné tout son clergé dans le
parti des Guises, et le clergé, à son tour, cherchait à y
faire entrer toute la ville. Mandelot que d'Epinac avait
voulu y entraîner aussi, et qui n'avait écouté ses pro-
positions, que pour avoir des éclaircissemens positifs sur
ses intrigues et les ressorts qu'il faisait jouer, conseilla
à Henri III, dès l'année 1585, de faire arrêter d'Epinac,
de saisir ses papiers et de les rendre publics, afin de faire
connaître authentiquement que les chefs de la prétendue
Sainte Union n'avaient pour objet que d'écraser la famille royale sur les degrés du trône et de démembrer la
monarchie pour en partager entre eux les débris. Henri III,
s'il eût suivi le conseil de Mandelot, aurait sans doute
évité les malheurs qui lui arrivèrent (Saint-Foix,
Hist. de l'ordre du St-Esprit). Mandelot rivalisait de force
et d'énergie avec les bons citoyens pour que Lyon restât
fidèle au roi, lorsque vers les premiers jours d'octobre,
il tomba gravement malade. La présence du duc de
Mayenne, qui se trouvait alors à Lyon, contribua peut-
être plus encore que la goutte et la fièvre à le conduire
au tombeau. Mayenne qui avait fait d'inutiles efforts
pour qu'il adhérât au pacte impie de la Sainte-Union,
voulait faire donner le gouvernement de Lyon à un
partisan de la maison de Lorraine, et Mandelot qui

n'ignorait point les intrigues du duc, en ressentit la plus vive douleur. Quand il vit approcher sa dernière heure, il rassembla auprès de lui sa famille et les personnes qui lui étaient le plus chères, et s'adressant au P. Auger, son vieil ami et le directeur de sa conscience, il le pria de représenter au roi qu'il mourait pauvre et endetté pour le service de Sa Majesté; il recommanda sa femme et ses enfans aux consuls et échevins de Lyon, les suppliant de ne point permettre que *ses meubles et ses habits fussent vendus sur la place des Changes.* Il fit la même recommandation aux consuls des nations étrangères. Le samedi qui précéda sa mort, il demanda l'extrême-onction, et quand il l'eut reçue, il pria Dieu de le laisser encore au monde une couple d'années, s'il voyait qu'il fût bon pour le service du roi et pour l'utilité commune de Lyon. Le lendemain, le duc de Mayenne le visita et resta long-temps auprès de lui. Mandelot qui, malgré ses souffrances, avait conservé toute sa présence d'esprit, présageant l'issue qu'auraient les affaires de la ligue, ne craignit point de lui dire « que la fin des » états de Blois ne serait si agréable que le commence- » ment; que la plaie des barricades de Paris saignait » encore, et que la prise du marquisat de Saluces (par » le duc de Savoie), l'avait bien agrandie ; que le duc » de Guise n'aurait jamais le moyen de calmer cette mer » qu'il avait tant oragée et tourmentée, et que le se- ». cours qu'il se promettait des étrangers le tromperait » (Matthieu, *Hist. de France*, tom. I, pag. 688, édit. de » 1631, in-fol.) ». Mandelot mourut le mercredi 24 novembre 1588, un mois avant l'assassinat des Guises. Le roi, trompé par tous ceux qui l'entouraient, n'attendit pas qu'un serviteur aussi fidèle eût rendu le der-

nier soupir pour lui donner un successeur. Le fils d'Anne
d'Este, le jeune duc de Nemours, malgré la stipulation
portée au contrat de mariage de d'Alincourt avec la fille
de Mandelot, obtint le gouvernement du Lyonnais (38),
et ce choix imprudent du plus faible des monarques fut
une des premières causes qui, peu de temps après, firent
arborer à Lyon l'étendard de la ligue. Mandelot fut in-
humé dans le caveau d'une chapelle de la cathédrale, à
droite du grand autel. Le P. Auger prononça son oraison
funèbre devant une foule immense de Lyonnais qui té-
moignaient par leurs larmes combien était grande la
perte qu'ils venaient de faire (39). Mme de Mandelot, qui
présida aux pompeuses funérailles (40) dont furent ho-
norés les restes mortels d'un époux qu'elle avait tendre-
ment aimé, fit graver sur sa tombe cette inscription

(38) Voyez la *Notice sur Charles-Emmanuel de Savoie,
duc de Nemours*, insérée dans le t. V des *Arch. du Rhône*.

(39) Malgré la présence du duc de Mayenne qui assistait
à cette cérémonie, l'éloquent panégyriste ne craignit point
de dire que Mandelot *n'avoit jamais signé la Ligue et qu'il
étoit mort ferme en sa religion et au service du roi*. C'est
ce qui a fait dire à Saint-Foix (Hist. de l'Ordre du St-
Esprit) : « Il m'a paru remarquable qu'un jésuite, lorsque
» la Ligue était si puissante, l'ait désapprouvée, l'ait re-
» gardée comme contraire au service du roi, et l'ait dit
» publiquement devant le duc de Mayenne. »

(40) L'ordre suivi dans ces funérailles se trouve décrit
pag. 34 et suiv. du *Discours de la vie et mort de M. de
Mandelot*. Éléonore de Robertet mourut, dans sa maison
de Bellegrève, le 7 novembre 1620 et fut enterrée dans
l'église de Ste-Croix. Bellegrève fut ensuite achetée par les
religieuses des Chazaux.

qui subsiste encore et qui est remarquable par sa noble simplicité :

D. O. M.

FRANCISCO DE MANDELOT

ELEONORA DE ROBERTET

INCONCVSSÆ FIDEI

MONVMENTVM.

P.

1588.

Jusqu'à présent Mandelot ne paraît pas avoir eu de biographe, car on ne peut donner ce titre à l'auteur anonyme du *Discours sur la vie, mort et derniers propos de feu Monseigneur de Mandelot*, etc. Lyon, Jean Pillehotte, 1588, in-8. Cet opuscule n'est, à proprement parler, qu'un panégyrique; il en est de même de l'espèce de notice insérée dans un mémoire inédit contenant la relation des événemens qui se sont passés à Lyon pendant la ligue, et dont on conserve des copies qui diffèrent entre elles sur quelques points, dans la bibliothèque publique et aux archives de la ville de Lyon (41). Cependant Mandelot aurait dû trouver un historien parmi les écrivains assez nombreux qui fleuri-

(41) Saint-Foix, que j'ai déjà cité, a consacré quelques lignes à Mandelot dans son *Histoire de l'Ordre du St. Esprit*. Un anonyme, que je crois être le P. Pierre-Augustin de Moras, religieux de l'ordre des grands Augustins, a laissé un volume décrit par M. Delandine, n.º 827 de ses *Manuscrits de la bibliothèque de Lyon* (tom. II, pag. 95), contenant des *Mémoires historiques et généalogiques de l'Ordre du Saint-Esprit*, dans lesquels se trouvent des notices, quelquefois assez étendues, sur ces chevaliers ; mais ce manuscrit offre plusieurs lacunes considérables, et malheureusement il s'en trouve une à la notice de

rent pendant sa longue administration et auxquels il donna sans doute des encouragemens. Plusieurs d'entre eux publièrent leurs ouvrages sous ses auspices. En 1569, François de Saint Thomas (42), licencié en droit à Lyon, lui dédia *la Vraye forme de bien et heureusement régir et gouverner un royaume*, etc. Lyon, Jean Saugrain, in-8.º; en 1570, Jean Aimé de Chavigny *Le Pylote de la nef Lyonnoise*, Lyon, B. Rigaud, in-4.º; en 1573, Guillaume Paradin, ses *Memoires de l'Hist. de Lyon*; en 1574, Claude de Rubys, les *Priviléges de Lyon*; en 1577, le médecin Pierre Tolet, son *Actio judicialis ad senatum Lugdunensem in un-*

Mandelot, dont le commencement occupe les pag. 327 et 328. Ces deux pages offrent l'histoire de Mandelot jusqu'en 1577. L'auteur l'accuse d'avoir fait exécuter très-sévèrement l'édit de la Saint-Barthélemi dans son gouvernement, et après avoir fait (d'après de Thou) le tableau de ce massacre, où périrent, dit-il, plus de 800 personnes de tout âge, de tout sexe, il ajoute : « On reconnoit » à ce trait le caractère des Lyonnois, naturellement » sanguinaires, rebelles, insatiables de richesses et de » gloire ; d'ailleurs excessivement orgueilleux, présomp- » tueux, traîtres, inconstans et capables des plus grands » crimes. » L'écrivain qui s'exprime ainsi sur le compte des Lyonnais, n'était point né sans doute parmi eux et les connaissait bien mal.

(42) Cet auteur nous apprend, dans sa dédicace, que « sur » le moys d'octobre que la guerre civile recommença en » ce pays de France pour la seconde fois, il se trouva en » ceste ville de Lyon, entre ceux qui furent serrez ès » prisons... » Nous avons vainement cherché à éclaircir ce fait, et nous ignorons quelle fut la cause de l'emprisonnement de Saint-Thomas, qui peut-être était calviniste, du moins si on en juge par le chap. XV de son ouvrage.

guentarios pestilentes et nocturnos fures, etc. ; en
1578, Jean Papon, son *Troisième Notaire*; en 1580,
Jean de la Boessière, le douzième chant de sa *traduction
de l'Arioste*, Lyon, Thibaud Ancelin, in-8.º (les sept
premiers chants, ainsi que les 9.ᵉ, 10.ᵉ et 11.ᵉ, sont
aussi dédiés à des Lyonnais, voy. Goujet, *Biblioth.
française*, t. VII, p. 354); la même année, Jean de Beau-
Chesne, son *Trésor de l'écriture*; en 1583, Pierre Sa-
vonne, d'Avignon, son livre de l'*Instruction militaire*;
en 1584, Benoît du Troncy, sa traduction du traité *de
la Consolation* attribué à Cicéron; en 1587, Jérôme
d'Avost de Laval (43) dédia aux *damoiselles* de Mandelot
son *Apollon*, Lyon, P. Roussin, in-8.º de 60 feuillets;
Louis Turquet, de Lyon, leur dédia aussi son *Institution
d'une femme chrétienne* (Pernetti, *Lyonn. dignes de
mém.*, tom. I, pag. 238).

Les traits de Mandelot nous ont été conservés sur un
médaillon en terre cuite, exécuté par Jean Goujon,
en 1572, comme le témoigne la date qui se trouve au

(43) Goujet, qui a parlé de d'Avost dans le tom. XII de sa
Biblioth. franç., et M. Weiss, auteur de la notice sur ce poète,
insérée dans la *Biogr. univ.*, ne font aucune mention de son
son *Apollon*. Ce recueil de vers assez médiocres, contient des
sonnets, traductions, des anagrammes, etc., et une pastorale
sur les amours de Sandrin et Francine; plusieurs de ces pièces
sont adressées à des Lyonnais notables de l'époque. D'Avost
paraît avoir résidé pendant quelques années à Lyon; il
était lié avec Antoine du Verdier, qui y passa une partie
de sa vie. Un grand nombre d'ouvrages sortirent des
presses de notre ville, sous le gouvernement de Mandelot,
mais les Muses alors furent peu cultivées; Lyon avait
perdu sa Sappho en 1565, et la poésie semblait être des-
cendue au tombeau avec notre *Belle Cordière.*

bas du portrait original que nous a communiqué M. Xavier de Ruolz, époux de M.lle Camille Bataille de Mandelot. Au dos de ce médaillon est une note ainsi conçue:

« Portrait de François de Mandelot, vicomte de Châ-
» lons, gouverneur de Lyon, chevalier de l'ordre de St-
» Michel et ensuite de celui du St.-Esprit. La branche
» est fondue dans la maison de Villeroy par le mariage
» de Marguerite de Mandelot avec Charles de Neuville,
» seigneur de Villeroy et d'Alincourt. La branche aînée,
» qui possédait la seigneurie de Mandelot, est fondue
» dans la maison des Dublé, qui a formé deux branches,
» l'une connue sous le nom de Dublé d'Uxelles, et
» l'autre sous celui de Dublé Mandelot; celle-ci éteinte
» avant la première est fondue dès 1626 dans la maison
» des Bataille de Bourgogne par le mariage de Margue-
» rite Dublé, dame de Mandelot, avec Philippe Bataille
» qui eut tous les biens de cette branche, dont il ne reste
» plus aujourd'hui que la seigneurie de Mandelot, con-
» servée en vertu d'une substitution. C. C. B. D. M. 1789. »

Dans la liste de portraits qu'on trouve dans le supplément au tom. IVe de la *Biblioth. histor. de la France*, on indique, pag. 225, un *portrait de M.me de Mandelot (sous Henri III). Dessin au cabinet du roi.*

POST-SCRIPTUM.

La lettre dont on va lire un extrait, m'est parvenue trop tard pour que j'aie pu faire usage des documens qu'elle renferme. J'avais chargé la personne de qui elle vient, de consulter à la bibliothèque royale un manuscrit où se trouve la correspondance du roi et de Mandelot, de 1568 à 1582, et qui a été décrit dans un mémoire de feu M. l'abbé Sudan, inséré tom. V, pag. 145 et suiv. des *Archives du Rhône*. Mon jeune et estimable correspondant, après quelques réflexions sur le récit fait par l'historien de Thou, de la conduite de Mandelot à l'époque de la St-Barthélemi, continue ainsi :

« Mais voyons comment, le 2 septembre 1572, c'est-à-dire le surlendemain des massacres, Mandelot lui-même écrit à Charles IX :

« Sire, j'escripvis avant hier à V. M. la reception
» des lettres qu'il lui aurait pleu m'escrire les xxii et
» xxiiiie du passé, et comme suivant icelles et ce
» que le sieur du Peyrat m'aurait dict de sa part, je
» n'aurois failly pourveoir par divers moyens à la seureté
» de cette ville ; si bien, Sire, que les corps et les biens
» de ceux de la Religion auroyent esté saisys et mis soubs
» vostre main sans aucun tumulte ni scandalle : jusques
» lors depuis et hier l'après disnée m'en estant allé par
» ville pour pourveoir tousjours à contenir ce peuple,
» mesmement vers la Guillotiere où j'aurois sceu paroistre
» danger de quelque remuement, seroit intervenu ce-
» pendant que ce peuple ayant trouvé moyen d'entrer
» ès prisons de l'archevesque où il sçavoit estre quelques

» deux cens de ceulx de la Religion cogneus factieux
» ou avoir porté les armes, lesquels ils auroient touts
» mis à mort avant que j'en peusse rien sçavoir, et
» m'y estant allé aussi tost, n'y aurois plus trouvé au-
» cun de ceulx qui se seroient meuz à ce faict, s'estant
» escartés tout soubdain ; et ce que j'aurois peu faire
» a esté faire recherche et requerir par touts moyens,
» mesmement par justice, qui auroient esté autheurs
» et executeurs de ce faict et comme le tout est passé,
» affin que V. M. en puisse bien au vray estre esclaircye.
» Je continue au mieux qu'il m'est possible de contenir
» toutes choses, voyant ce peuple n'estre pas encore
» bien appaisé, et que c'est tout ce que l'on peut faire
» d'obvier à un sac, n'ayant néantmoins jusques ici esté
» faict aucun tumulte, meurtre ni saccaigement par la
» ville ni es maisons, et estime que le reste desdicts de
» la religion saisys pourront demeurer en seureté es lieux
» ou je les ay faict retirer, attendant que je puisse
» mieulx entendre qu'il plaira à V. M. en estre faict,
» et speciallement de tous leurs biens, meubles, mar-
» chandises, rapines et autres que j'ai jà escript avoir
» faict saisir et mettre soubs vostre main sans touttefois
» en estre rien desplacé ny transporté des lieux et mai-
» sons desdicts de la Religion : osant bien asseurer
» V. M. que le tout luy sera seurement et fidel-
» lement conservé ; et suis après à pourveoir à les faire
» retirer en magasins et lieux seurs à ce qu'il n'y soit
» commis aucun abus. J'oseray dire à V. M. que
» si j'estois ouy à la conseiller, je ne serois d'opinion
» qu'elle feist aucun don des biens, meubles et marchan-
» dises desdits de la Religion que premierement on ne
» voye ce qu'il y aura, et que pour le moins elle sçaicbe

» la valeur de ce qu'elle donneroit et que plustost elle
» feist don et recompense à ceux qu'il luy plairoit sur
» les immeubles ; et pour ne mettre en cela la conse-
» quence, je ne veulx estre le premier à en demander
» à V. M., m'asseurant que si elle a commencé par quel-
» ques autres, elle me faict tant d'honneur de ne m'ou-
» blier. Au reste, Sire, il me semble ne devoir taire
» à V. M. que en tout ce qui eschet icy pour son
» service, je trouve le sieur de la Mante prompt et
» affectionné d'ensuivre à son pouvoir ce que je luy en ay
» faict entendre, dont à la verité il merite estre recogneu
» et bien recompensé. »

Voilà cette lettre toute entière : n'avez-vous pas re-
marqué cette horrible demande que fait Mandelot d'une
part dans les biens des victimes protestantes ? ce trait,
je crois, suffit pour fixer les idées sur son véritable
caractère. Un gouverneur français réclamer les dépouilles
de ses malheureux concitoyens !.... Ah ! pour solliciter
une pareille récompense, il fallait bien l'avoir méritée !

Avec de Thou j'ai parlé de la dissimulation de Mandelot ; je puis vous en citer une nouvelle preuve.

Vous savez, en effet, comme l'a dit M. l'abbé Sudan,
que l'énorme manuscrit contenant les lettres et dépêches
du roi à M. de Mandelot et de M. de Mandelot au roi,
paraît être une copie faite sous les yeux de ce gouverneur de Lyon. Comment donc se fait-il que, parmi les
lettres de Charles IX, M. de Mandelot en ait supprimé
plusieurs dont les dates se rapportent précisément à
l'époque de la St-Barthélemi ? C'est que sans doute elles
contenaient des choses dont on devait faire un mystère,
des choses qu'on n'aurait pas osé révéler !

Du reste, dans les lettres qui ont été conservées,
j'ai trouvé plusieurs faits assez importans.

Ainsi, par exemple, j'ai reconnu, d'après une lettre de Charles IX, qu'il était bien vrai qu'on avait envoyé dans les provinces des hommes chargés d'ordres verbaux et secrets tout contraires aux dépêches adressées publiquement aux gouverneurs.

Vous vous rappelez aussi que quelques historiens ont pensé que la tête de l'amiral de Coligny avait été envoyée à Rome : eh bien ! je crois en avoir trouvé la preuve dans une lettre de Mandelot, datée du 5 septembre 1572.

En effet, après avoir répondu à celle du roi, du 28 août, il ajoute :

« J'ay aussi reçu, Sire, la lettre qu'il a pleu à
» V. M. m'escrire, par laquelle elle me mande d'avoir
» esté avertie qu'il y a un homme qui est parti de par
» delà avec la teste qu'il auroit prise dudit admiral,
» après avoir esté tué, pour la porter à Rome, et de
» prendre garde, quand ledit homme arrivera en ceste
» ville, de le faire arrester et luy oster la dite teste, à
» quoy j'ay incontinent donné si bon ordre que s'il se
» présente, le commandement qu'il plait à V. M. m'en
» faire sera ensuivi. Et n'est passé iusques icy par ceste
» ville autre personne pour s'en aller du costé de Rome
» qu'un escuyer de Monsieur de Guise nommé Paul,
» lequel estait parti quatre heures auparavant du jour
mesme que je reçus ladite lettre de V. M. »

D'après cette citation, il me semble donc qu'en réfléchissant que ce Paul était écuyer de Guise, l'ennemi le plus acharné de Coligny ; que ce Paul est envoyé à Rome en toute hâte, et précisément dans le moment où chacun soupçonne la mission sanglante dont parle Charles IX ; il me semble, dis-je, qu'en réfléchissant aux motifs qui ont pu décider Mandelot à *supprimer dans son recueil cette lettre du roi*, qu'il cite dans la sienne, on est naturellement conduit à penser que la tête de l'amiral Coligny a bien été portée, comme un précieux trophée, dans la capitale du monde chrétien.

Les Guise ont donc voulu, même après le dénouement de cette horrible tragédie, *sanctifier*, en quelque sorte, leur vengeance. Ils ont voulu faire croire qu'ils n'avaient agi que par zèle, que par intérêt pour la religion...... La religion! ah! ne confondons pas ses préceptes divins qui commandent le pardon des injures, avec ces projets de vengeance qui font les assassins! ne confondons pas ces vérités sublimes qui nous rapprochent de Dieu, avec cette exaltation criminelle qui rend l'homme assez impie pour aiguiser son poignard jusques sur les marches de l'autel! Convenons donc que notre sainte religion ne fut qu'un odieux prétexte pour commettre des forfaits dont elle gémit la première; et reconnaissons, en dernier résultat, que si Mandelot n'eut pas le tort de se livrer lui-même aux plus horribles excès, il eut au moins celui de laisser maîtres de la ville dont il était gouverneur, les assassins que dirigeaient Boidon, Mornieu et le Clou, de laisser massacrer par eux, pendant trois jours, les malheureux protestans, et surtout de réclamer avidement une portion de leurs sanglantes dépouilles.

Tels sont, Monsieur, les détails les plus importans que j'ai trouvés dans les lettres de M. de Mandelot, et que j'aurais désiré vous communiquer plus tôt....

B. CHEVALIER-VICTOR.

www.ingramcontent.com/pod-product-compliance
Lightning Source LLC
Chambersburg PA
CBHW051325060726
47596CB00004B/1472